はじめてのスワッグ
岡本典子

はじめに

"スワッグ" は壁などに飾る花束のようなもの。

ただ束ねてつるすだけ、とても気軽に取り入れやすいものです。

そこにスワッグがあるだけで、ついつい眺めてしまったり、

使う植物によっては香りがほんのりと漂ってきたり。

スワッグを一つ飾ってみれば、その魅力はすぐに感じていただけると思います。

東京で生まれ育った私は、夏休みのたびに家族で奈良の祖父母の元を訪れていました。

いつも祖父が趣味で手がけている庭を見ること、植物の手入れをしながらしてくれる話が大好きでした。

祖父の好みで夏野菜や果物、植物が育てられていたその庭は、

まるで絵本に出てくるような美しい花壇のようでした。

今となっては私の頭の中で少し美化してしまっているかもしれませんが、

さまざまな種類が少しずつ植えられていて、どれも丁寧に手をかけられていたことは、

幼かった当時の私にも伝わってきたものです。

これまでにたくさんの植物と向き合ってきました。

そのたびにドキッとしたり、ワクワクしたり。

日々植物から学び、パワーをもらい、どれだけ助けてもらっているかわかりません。

毎日の暮らしに植物を添えてみることで、みなさんにもこのパワーが届きますように。

目次

スワッグ作りの基本

- 08 1.花材を選ぶ
-     2.ドライフラワーを作る
- 10 3.花材を組み合わせる
- 11 4.用意するもの
- 12 5.基本の作り方①
- 14 6.基本の作り方②

素材で楽しむスワッグ

- 18 生花で作るスワッグ
- 20 セミドライフラワーで作るスワッグ
- 22 ドライフラワーで作るスワッグ

シチュエーションで楽しむスワッグ

天井からつるす
- 26 見上げたくなるスワッグ
- 28 下からも見たくなるスワッグ
- 29 揺れを楽しむスワッグ

縦のスペースを飾る
- 31 動きのある縦ラインのスワッグ
- 32 大胆縦長のスワッグ
- 33 部屋の片隅のスワッグ

横のスペースを飾る
- 34 ボリュームたっぷり横長のスワッグ
- 36 種類ごとに重ねるスワッグ
- 36 スリムなスワッグ

コーナーを飾る
- 38 部屋のコーナースワッグ
- 40 キャビネットのコーナースワッグ
- 41 ちょっとした隙間を彩るスワッグ

スワッグをつるさずに飾る
- 44 立てる
- 46 置く
- 48 生ける
- 50 パネルに張る

スワッグをつるさずに身に着ける
- 54 帽子
- 56 コサージュ
- 58 ネックレス

ドライフラワーで作る季節の飾り
- 62 クリスマスリース
- 64 アジサイのガーランド
- 66 クリスマスガーランド
- 68 春色のリース
- 70 いろいろ花のガーランド
- 72 モビール

余った花のあしらい方
- 76 ガラス瓶に詰める
- 77 ブレスレット
- 78 壁に張る
- 79 リング

スワッグ作りの基本

1.花材を選ぶ

花がしっかりと固く、水分が少ない、ドライフラワーになりやすい花がスワッグの材料に向いています。「つるしたときに下からの表情がすてきか」も大事なポイントです。

2.ドライフラワーを作る

ドライにする花や枝ものを数本ずつ輪ゴムでまとめ、ひもでしばって干します。
ドライフラワーの弱点である
①直射日光
②湿気
③衝撃
を避けた場所につるしましょう。

風通しがよく、静かな空間がベスト。

本書では基本的に花の通称を掲載しています。花材を購入する際は、お店に足を運んで直接見ながら選びましょう。
※()内は品種名です。

ドライアンドラ
フォルム、質感、色が葉1枚まで美しい。ドライに向く花です。

クラスペディア
真っすぐにのびた黄色のぼんぼん頭がかわいい。葉ものの中に入れてあげると、いっそう黄色が引き立ちます。

エリカ
生花の状態のときからドライの質感があります。

アジサイ
大胆に一輪まるごと使ってもよし。房ごとに分けて使っても、花びらが大きいので存在感があります。

ユーカリの実	ピンクペッパーベリー	バンクシア	ストエベ
ゴツゴツしたユーカリの実は、頭がいろんな方向を向いていて楽しい。茎からカットして実だけ使うのも◎。	発色がよく、長期間鮮やかなピンク色が残りやすい。	種類が豊富で、どれも力強さがあって存在感がある。	色、形状が強すぎず、質感も独特なので、さりげないアクセントとして使いやすい。

パラノムス	千日紅	ドドナエア	フェノコマ
花、葉、茎、すべてスモーキーで、スワッグに足せばアンティークな雰囲気を演出してくれます。	名前のとおり、ドライにしても色があせにくい。優しい黄色と茎の緑がスワッグのアクセントに。	銅色になりかけの、葉色がシック。葉に広がりがあるので、スワッグにボリュームを出してくれます。	貝のようにカサカサした花びら、プチプチした葉と茎。一輪だけでも、独特な存在感を放っています。

3. 花材を組み合わせる

スワッグを作るうえでいちばん難しいのが花材の組合せ。
特にルールはありませんが、下のポイントを参考に考えてみましょう。

POINT 1 | 飾る場所を決めて
視線をイメージする

例えば、天井近くにスワッグをつるすと決めたら、スワッグを真下からも見ることになります。視線を決めたら、その視線から見た図を想像して花の組合せを考えます。周りを葉もので固めて、中心は色のパキッとしたものを入れると、下から見た顔がとてもかわいくなります。

POINT 2 | どこかに"毒っ気"を足して
甘さを抑える

花はもともとフェミニンでかわいい存在。ふわふわした組合せだと甘すぎるので、どこかに"毒っ気"を足しましょう。写真のように、一見かわいくなりそうなピンクと黄色の組合せでも、ゴワゴワしたバンクシアが引き締め、シックなグリーンで囲って落ち着いた印象。

POINT 3 | 動きのあるものを混ぜ
こなれ感を演出

茎がくねくね曲がっていたり、花がいろいろな向きで開いていたり……。動きがあるものを使えば、上級者風のスワッグに仕上がります。はじめてのかたでもチャレンジしやすいのは、チランジア（P.21参照）。やわらかく長さもあるので、少し添えるとグッと印象が変わり、こなれた雰囲気になります。

POINT 4 | 形、質感が異なるものを
組み合わせる

同じグリーン系の枝ものや葉ものでも、葉の形や質感が違えばこんなに表情豊かになります。ダスティミラーのもこもこ、ユーカリのツルツル、アカシアのふさふさした葉。一つ一つの葉は強く主張しませんが、ぎゅっと集めることでそれぞれの個性が光り、とても豪華な雰囲気に仕上がります。

4.用意するもの

はさみと輪ゴム、ひもがあればスワッグ作りを始められます。
そのほかのものは、必要に応じてそろえればOKです。

TOOL 1 | 卓上ブラシ、ちりとり
ドライフラワーは散りやすいので、作業中にぱらぱらと破片が散らかります。掃除用具をそばに置いておくと安心。

TOOL 2 | 輪ゴム
完全にドライではない花を使うときは、水分が抜けて茎が痩せても抜けないように、輪ゴムできつく結わきます。

TOOL 3 | ひも
通常の生成りの麻ひもでなく、グレー系の麻ひもで花を結わいてつるします。ほかの種類のひもでも代用可。

TOOL 4 | はさみ
茎やひもをカットします。固い茎や枝を簡単にカットできる、切花用のものが使いやすいです。

TOOL 5 | ワイヤー
小さな花や実を扱うときや、ガーランドなどのアレンジにはワイヤーが活躍します。目立たない緑や茶系がおすすめ。

TOOL 6 | 布
麻ひもの上から布を巻いて、リボンのようにアレンジすることも。麻や綿など自然素材のものが、花との相性は◎。

5. 基本の作り方 ①

はじめてのかたには、葉もの系のスワッグがおすすめ。
まずはいちばん簡単な、花材ごとに重ねていく方法をご紹介します。

材料

- A アカシア
- B リューカデンドロン（プラティスター）
- C ユーカリ（アップル）
- D 麻ひも…1本
- E 輪ゴム…1本

道具

はさみ

STEP 1 麻ひもで壁にかけるための輪を作る。一度結ぶだけでOK。

STEP 2 いちばん葉が大きめのCを下に。壁にかけるため、背面が平らになるようにテーブルの上にのせた状態で重ねていく。

STEP 3 CにAを重ねる。Cの頭が見えるよう、Aは少し手前に置く。

STEP 4 Bを重ねる。実が表面に出すぎないよう、葉の間に入れる。

STEP 5 はさみで茎をカットする。長さを均一にせず、わざと不ぞろいにすると自然な感じに仕上がる。

STEP 6 太くしっかりとした茎1本に、輪ゴムをひっかける。

STEP 7 輪ゴムをぐるぐるときつめに巻きつけ、また太い茎にひっかけてとめる。
※ドライフラワーを使う場合は、6、7は省いてもOK。

STEP 8 1の麻ひもを、輪が背面にくるように添える。

STEP 9 輪ゴムの上から麻ひもで結わく。1周巻くごとにきつめにしめる。これを3、4回繰り返す。

STEP 10 背面で麻ひもを固結びする。余った麻ひもをはさみでカットする。

6.基本の作り方②

「先端にいくほど軽く長く、手前ほど重く」がスワッグ作りの基本。
花材の種類を混ぜながらランダムに組むときも、この基本を忘れずに。

材料

A 麻ひも…1本
B 輪ゴム…1本
C ユーカリ
　（ポポラスベリー）
D ドライアンドラ
E エリンジューム

道具

はさみ

STEP 1　麻ひもで壁にかけるための輪を作る。

STEP 2　仕上がりの長さをイメージして、Cを主軸からカットする。

STEP 3　カットし終えたところ。葉が多い場合は、間引いてバランスをとる。

STEP 4　いちばん下にする花を選ぶ。ここでは3のなかでいちばん細くて長い1本を下に。

STEP 5　種類を混ぜつつ、ランダムに重ねていく。Dは花の頭が小さいものから重ねていく。

STEP 6　重ね終えたところ。花の頭が大きいDを手前に。

STEP 7　太くしっかりとした茎に輪ゴムをひっかける。

STEP 8　輪ゴムをぐるぐるときつめに巻きつけ、太い茎にひっかけてとめる。

STEP 9　はさみで茎をカットする。

STEP 10　1の麻ひもを、輪が背面にくるようにセットし、輪ゴムの上から麻ひもで結わく。余った麻ひもはカットする。

素材で楽しむスワッグ

生花で作るスワッグ

生花の魅力は、いきいきとした色合い。
質感がさまざまな枝ものや葉ものを組み合わせて
ブルーセージの色を引き立たせます。
時間の経過に伴い水分が抜けて、細くなり茎が痩せてくるので、
輪ゴムと麻ひもでしっかりと結びましょう。

材料

A アカシア
B アスパラサス
C ビバーナムティヌス
D ダスティミラー（シラス）
E ブルーセージ
F ユーカリ（銀世界）
G ユーカリ（ポポラスベリー）
H 麻ひも…1本
I 輪ゴム…1本
J 麻のリボン（10×70cm）…1枚

道具

はさみ

作り方

1. 麻ひもで輪を作る。 2. 生花は蒸れやすいため、葉が多いものは数枚間引く。 3. 上は軽く細く、手前にくるほど重たくなるように、意識しながらランダムに花を重ねる。 4. 輪ゴムでまとめ、余分な茎をカットする。 5. 1の麻ひもで、輪が背面にくるように結わく。 6. 麻ひもの上からリボンを巻く。

セミドライフラワーで
つくるスワッグ

生花がドライフラワーになる途中の
セミドライフラワーの状態は、
適度にしなるのでスワッグ作りにぴったり。
植物が持つ動きに委ねて、重ねていきます。

材料

A バンクシア
B ユーカリの実（グロボラス）
C チランジア
D グミ
E 麻ひも…1本
F 輪ゴム…1本

道具

はさみ

作り方 1. 麻ひもで輪を作る。2. 細長いDをいちばん下に持ってくる。3. 立体的に層を作るイメージで、花を重ねていく。4. 輪ゴムでまとめ、余分な茎をカットする。5. 輪ゴムの上にCを添える。1の麻ひもで、輪が背面にくるようにCごと結わく。

ドライフラワーで作る
スワッグ

大きな一輪のアジサイをメインに、
落ち着いた色合いの花を重ねます。
繊細なドライフラワーは、
ぽろぽろと崩れやすいのが難しいところ。
優しく丁寧に扱いましょう。

材料

A セルリア
B アジサイ
C オヤマボクチ
D リューカデンドロン（アージェンタハ）
E 麻ひも…1本
F 輪ゴム…1本

道具

はさみ

作り方 1.麻ひもで輪を作る。2.D、C、Aの順に重ね、手前にはBを配置する。3.輪ゴムでまとめ、余分な茎をカットする。4.1の麻ひもで、輪が背面にくるように結わく。

23

シチュエーションで楽しむスワッグ

天井からつるす

作り方

1. 麻ひもで輪を作る。 2. 下から見て中心になる部分から作る。下からの図をイメージしながら、根元のほうを自分に向け、ランダムに花材を1本ずつ斜めに重ねる。重ねるたびに時計回りに少し回す。 3. 最後の1周は、横から見た図をイメージしながら重ねる。 4. 輪ゴムでまとめ、余分な茎をカットする。 5. 輪ゴムの上にCを添える。1で作った輪を茎の間に差し込み、Cごと麻ひもで結わく。

材料

- A ダスティミラー（シラス）
- B タラスピオファリム
- C チランジア
- D アルテルナンテラ
- E ピンクペッパーベリー
- F 麻ひも…1本
- G 輪ゴム…1本

道具

はさみ

見上げたくなるスワッグ

天井につるすタイプのものは、
下からの表情はもちろんのこと
横から見た姿も美しくありたいもの。
下、横から見た図をイメージしながら作りましょう。

下からも見たくなるスワッグ

赤＋ピンク＋緑＋黄色。
一見カラフルな組合せも、
色あせたドライフラワーなら甘くなりすぎません。
色だけでなく、フォルムもさまざまで
絶妙なバランスを楽しめるスワッグです。

材料

- A ピンクペッパーベリー
- B ドライアンドラ
- C クラスペディア
- D ライスフラワー
- E バンクシア
- F ユーカリの実（グロボラス）
- G フェノコマ
- H エリカ
- I 千日紅
- J パラノムス
- K ドドナエア
- L 輪ゴム…1本
- M 麻ひも…1本

道具

はさみ

作り方 1. 麻ひもで輪を作る。 2. 根元のほうを自分に向け、花を1本ずつ斜めに重ねる。重ねるたびに時計回りに少し回す。花材の色が偏らないようにすると◎。 3. 輪ゴムでまとめ、余分な茎をカットする。 4. 1で作った輪を茎の間に差し込み、輪ゴムの上から麻ひもで結わく。

材料

A ヤシ
B ユーカリ（銀世界）
C シースター
D 麻ひも…6本
E 輪ゴム…1本

道具

はさみ

作り方

1. 麻ひもで輪を作る。2. Aは1本ずつ、1とは別の麻ひもを根元に結びつける。3. 根元のほうを自分に向け、B、A、Cの順に1本ずつ重ねる（Aはひも部分を持つ）。重ねるたびに時計回りに少し回す。4. 輪ゴムでまとめる。BとCの茎、Aの麻ひもの余分をカットする。5. 1で作った輪を茎の間に差し込み、輪ゴムの上から麻ひもで結わく。

揺れを楽しむスワッグ

存在感のあるヤシは
根元に結びつけた麻ひもで好きな長さに調節して、
動きを出します。
スワッグ全体も揺れますが、
ひもをかけたヤシも揺れて
涼しげで軽やかな仕上がりとなります。

縦のスペースを飾る

動きのある縦ラインのスワッグ

部屋の柱や梁下などの縦長の空間に飾るものは、
幅が出ないように平行に重ねて
スラリと細長く作るのがポイント。
全体に細長く繊細で、ツルの動きが楽しいヘクソカズラは
縦長のスワッグにぴったりの花材です。

材料

A ヘクソカズラ
B ダスティミラー（花）
C バンクシア
D ストエベ
E 麻ひも…1本
F 輪ゴム…1本

道具

はさみ

作り方

1. 麻ひもで輪を作る。
2. いちばん下には、細くて長いAを選ぶ。仕上げにも使うため、1本残しておく。
3. 手前にくるほどボリュームが出るようにB〜Dを重ねる。幅が出ないよう、平行に重ねて。
4. 輪ゴムでまとめ、余分な茎をカットする。
5. 輪ゴムの上に1で残しておいたAを巻きつけ、上から1の麻ひもで輪が背面にくるように結わく。

大胆縦長のスワッグ

茎の長さと動きのある枝ぶりが魅力の
センニンソウは、その個性を生かします。
花材選びも重ねるリズムも大胆に、
それぞれの花材の良さが
強調されるスタイル。

材料

A センニンソウ
B ヒオウギの実
C ガンソク
D ライスフラワー
E バンクシア
F 麻ひも…1本
G 輪ゴム…1本

道具

はさみ

作り方 1. 麻ひもで輪を作る。2. いちばん下にAを置く。3. 残りの花材は、長さのあるものから種類ごとに重ねる。手前にはボリュームがあるEを置く。4. 輪ゴムでまとめ、余分な茎をカットする。5. 1の麻ひもを、輪が背面にくるようにして結わく。

部屋の片隅のスワッグ

シックな色合いの中で映える、
クラスペディアの丸くて黄色い花。
時には少し遊ばせて、
ちょこんと飛び出させても。

材料

A グレビレア
B リューカデンドロン
　（プラティスター）
C アカシア
D クラスペディア
E パラノムス

道具

はさみ
F 輪ゴム…1本
G 麻ひも…1本

作り方 1.麻ひもで輪を作る。2.いちばん長いC を下にし、ランダムに重ねていく。同じ種類の中でも、細く小さいものを先端に配置する。3.輪ゴムでまとめ、余分な茎をカットする。4.1の麻ひもで、輪が背面になるように結わく。

横のスペースを飾る

ボリュームたっぷり横長のスワッグ

縦長のスワッグを二つ作り、
合体させて横長のスワッグに。
茶色のベニノキを真ん中に置き、
ピンクの甘さを抑えて。

材料　A ライスフラワー
　　　B ドドナエア
　　　C ベニノキ
　　　D リューカデンドロン
　　　　（プラティスター）
　　　E エリカ
　　　F 輪ゴム…1本
　　　G 麻ひも…3本

道具　はさみ

作り方 1.材料を2等分する。2.花材をランダムに重ねていき、手前にはCを置く。3.輪ゴムでまとめ、余分な茎をカットする。縦長のスワッグが二つ完成。4.二つのスワッグを、先端を外向きにして重ねる。重なった部分の真ん中と両端を麻ひもでしばり、壁にかけるための輪を作る。

種類ごとに重ねるスワッグ

ゴールデンカスケードは
主張を抑えた色合いが魅力。
真っ白の壁に飾っても
目立ちすぎない組合せのスワッグです。

スリムなスワッグ

青、紫、白の花材は
あえて花の大きさ、質感をバラバラに。
ユーカリとダスティミラーを添えて
落ち着いた印象に仕上げました。

材料	道具
A ゴールデンカスケード	はさみ
B ハケア	
C グレビレア	
D ドドナエア	
E 麻ひも…2本	
F 輪ゴム…1本	

作り方

1. D、A、C、Bの順に、種類ごとに重ねていく。 2. 輪ゴムでまとめ、余分な茎をカットする。 3. D、A、Cが重なった部分と輪ゴムの上をそれぞれ麻ひもで結び、壁にかけるための輪を作る。

材料			道具
A ユーカリ（ロブスターベリー）	C エリンジューム	E シルバーブルニア	G 麻ひも
B ダスティミラー（花）	D デルフィニウム	F 輪ゴム…1本	…4本	はさみ

作り方

1. A〜Eそれぞれから1本ずつ取り、長さのあるものから順に重ねる。輪ゴムでまとめ、麻ひもで結ぶ。 2. 1にA〜Eを数本ずつ添えて重ね、まとめて麻ひもで結わく。 3. 2を2回繰り返す。

コーナーを飾る

部屋のコーナースワッグ

飾る向きに合わせて
二つのスワッグをL字、逆L字につなぎます。
上と下の花材をあえて変えて、
下は重く、上は軽い印象に。

作り方

1. まずは上部分を作る。壁に沿わせる面と天井に沿わせる面が真っすぐになるようにA、F、Eの順に重ねて、輪ゴムでまとめる。2. 下部分を作る。B、C、D、Gの順に重ね、輪ゴムでまとめる。3. 1と2をL字形に組み合わせ、麻ひもでしっかりと結び、壁にかけるための輪を作る。4. 上部分の真ん中も麻ひもで結び、天井にかけるための輪を作る。

材料

A アカシア
B チランジア
C アスパラサス
D ウッディベア
E アジサイ
F パラノムス
G ホワイトペッパーベリー
H 麻ひも…2本
I 輪ゴム…2本

道具

はさみ

材料

A アカシア
B ヘリクリサム
　（エバーラスティング）
C バーゼリア
D ユーカリ
　（ポポラスベリー）
E 麻ひも…2本
F 輪ゴム…2本

道具

はさみ

作り方

1. 二つのスワッグを作るため、材料をランダムに1：2に分ける。2. 手前にくるほどボリュームが出るよう、ランダムに重ねていく。3. 輪ゴムでまとめ、余分な茎をカット。スワッグが二つ完成。4. ボリュームがあるほうを麻ひもで結わく。5. 4が上になるようL字に組み合わせ、重なる部分を麻ひもで結ぶ。

キャビネットの
コーナースワッグ

上下同じ素材を使いつつ、
上はこんもりさせて置き型に、
下は細身に仕立ててぶら下げて。
たっぷりのグリーンの中で
ヘリクリサムの黄色が映えます。

ちょっとした隙間を彩るスワッグ

一つのスワッグを作るプロセスで、
カーブをつけることもできます。
かわいい実ものには、
黒の羽根で"毒っ気"を加えて。

材料
- A ユーカリ
- B ピンクペッパーベリー
- C ストエベ
- D 鳥の羽根
- E エリカ
- F グレビレア
- G 麻ひも…4本

道具
はさみ

作り方 1. 花材を4等分にする。四つのスワッグをつなげていくイメージ。 2. 一つ目の花材をランダムに重ね、麻ヒモで結び余分な茎をカットする。 3. 2の少し下に二つ目の花材を重ね、2ごと麻ヒモで結び余分な茎をカット。 4. コーナーを描くように、三つ目の花材を3に対してななめに重ねる。3と合わせて麻ヒモで結び、余分な茎をカット。 5. 4の少し下に花材を重ね、麻ヒモで結び余分な茎をカットする。

スワッグを
つるさずに飾る

立てる

ドライフラワーはただ立たせるだけでも雰囲気があります。
自立させるためには材料選びが重要。
頭が重くないドライフラワーを使うとバランスを取りやすいです。

材料　A ユーカリ（ポポラスベリー）　E フランネルフラワー　I 麻ひも…1本　　**道具**　はさみ
　　　　B ラナンキュラス　　　　　　　F エリカ
　　　　C ダスティミラー（シラス）　　 G サラセニア
　　　　D アルテルナンテラ　　　　　　H ダスティミラー（花）

作り方　1. 根元のほうを自分に向け、ランダムに花材を斜めに重ねる。1本重ねるごとに時計回りに少し回す。2. CやHなどのやわらかい花材は、ほかの花材との間に入れて支える。3. 花材をすべて重ね終えたら、余分な茎をカットする。4. 時計回りに麻ひもを巻きつけて結わえる。

置く

今までつるしていたスワッグを
今度は置いてみる。
ドライフラワーならではの飾り方です。

材料　A ライスフラワー
　　　　 B チランジア
　　　　 C フェノコマ
　　　　 D アンデスコーン
　　　　 E バンクシア
　　　　 F 麻ひも…1本

道具　はさみ

作り方
1. 根元のほうを自分に向け、ランダムに花材を1本ずつ斜めに重ねる。1本重ねるごとに時計回りに回す。Dは葉の部分を下にして重ねる。2. すべて花を重ねたら、余分な茎をカットする。3. 時計回りに麻ひもを巻きつけて結わく。

生ける

色みの違う青を混ぜてどことなく凛とした空気を持ったスワッグ。
花々の存在を邪魔しない、石の花瓶に生けました。
縁にそっと寄りかからせて。

材料

A パラノムス
B ヒオウギの実
C ユーカリ（トレリアーナ）
D エリンジューム
E バーゼリア
F ドライアンドラ
G アスパラサス
H 麻ひも…1本
I 花瓶…1個

道具

はさみ

作り方

1. 根元のほうを自分に向け、ランダムに花材を1本ずつ斜めに重ねる。1本重ねるごとに時計回りに回す。
2. すべて花を重ねて、余分な茎をカットする。
3. 時計回りに麻ひもを巻きつけて結わえ、花瓶に生ける。

パネルに張る

春色のイエローの花材をふんだんに盛り込んだスワッグを
パネルに張りつけて、絵画のように壁に飾ります。
下からチラリとのぞくクロヒエが、
全体を引き締めるポイント。

材料

A クロヒエ
B アカシア
C クラスペディア
D パネル（B5サイズ）…1枚
E 麻ひも…2本

道具

はさみ
目打ち

作り方

1. 背面が平らになるように、花材を長さのあるものから順に重ねる。パネルから少しはみ出るくらいのボリューム感が◎。 2. 1を麻ひもで結わえ、余分な茎をカットする。 3. パネルに張る位置を決め、目打ちでパネルに穴を二つあける。 4. 2の麻ひもの上にもう1本の麻ひもを結びつける。 5. 麻ひもの両端をそれぞれ3の穴に通し、パネルの裏側で固結びをする。

スワッグを
　　つるさずに
身に着ける

帽子

小さなスワッグを
かんかん帽につけるという発想。
頭に直接巻いたっていい。
アイディア一つで世界が広がります。

材料

- A 布（10×30cm）…1枚
- B クラスペディア
- C ヘリクリサム
   （ムギワラギク）
- D リューカデンドロン
   （ピサ）
- E フランネルフラワー
- F ヘリクリサム
   （エバーラスティング）
- G かんかん帽（直径29cm）…1個
- H 輪ゴム…1本
- I 麻ひも…1本

道具

はさみ

作り方

1. 布を6cm幅1枚、1cm幅4枚に切り分ける。1cm幅の布を2枚ずつ合わせてねじり、両端を固結びする。 2. 帽子に沿わせる二つの面が平らになるように、花材をランダムに重ねる。 3. 輪ゴムでまとめ、余分な茎をカットする。 4. 輪ゴムの上から麻ひもを結び、その上に6cm幅の布を結びつける。 5. 1でねじった2本を帽子のつばの周りに沿わせ、端どうしを結ぶ。いったん帽子から外す。 6. 4と5を、4の麻ひもの残り部分で結びつける。帽子にはめる。

コサージュ

残ってしまった実や花を寄せ集めて
コサージュに仕立てました。
ぎゅっとくっついた姿がかわいい。

材料

- A ユーカリの実
  （テトラゴナ）
- B チランジア
- C ユーカリ
  （ポポラスベリー）
- D シャリンバイの実
- E ザクロ
- F アカシア
- G リボン（2×30cm）
  …1本
- H ワイヤー
- I コサージュピン…1個
- J フローラルテープ

道具

はさみ

作り方

1. Cにワイヤーをつける。ワイヤーを半分に曲げて茎にかけ、片側のワイヤーで、茎にかけたワイヤーと茎を合わせて2回巻く。 2. ワイヤーをかけた部分から根元まで、フローラルテープを巻く。ほかの花材も同様にワイヤーをつけ、フローラルテープで巻く。 3. 背面が平らになるようにランダムに花を重ね、フローラルテープで3をまとめて巻く。 4. コサージュピンの台座を背面に当て、テープで巻いて貼りつける。 5. リボンを下から巻く。巻き終わりは輪を作って結ぶ。

ネックレス

色も形も質感も違う3種類の実ものたち。
ミニスワッグにできるよう、軸がついているものを使います。

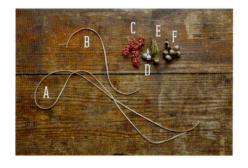

材料

A 革ひも（ネックレス用・好みの長さ）…1本
B 革ひも…1本
C ピンクペッパーベリー
D ユーカリの実（テトラゴナ）
E リューカデンドロン（ジェイドパール）
F ユーカリの実（トレリアーナ）

道具

はさみ

作り方

1. すべての花材をまとめ、軸を革ひもで結ぶ。
2. ネックレス用の革ひもの中心に、1を結びつける。
3. ネックレス用のひもの両端を結ぶ。

59

ドライフラワーで作る
季節の飾り

クリスマスリース

クリスマスカラーの
赤はあえて使わずに。
たっぷりの生のグリーンに、
冬の木の実を盛りつけました。

<u>材料</u>
A コニファー
　（ブルーバード）
B コニファー
　（ブルーアイス）
C ワイヤー
D チランジア
E リース（直径25cm）
F アンバーバーム
G ドングリのかさ（殻斗）
H タマラックコーン
I 麻ひも…1本
J 月桃の実
K ナンキンハゼの実
L ユーカリ（ポポラスベリー）

<u>道具</u>　はさみ
　　　　グルーガン

STEP 1 麻ひもで輪を作り、リース上部の中央に結びつける。ここがトップになる。

STEP 2 AとBの軸から葉を枝ごとにすべてカットする。裏返すと枝ぶりがはっきり見えてカットしやすい。

STEP 3 ワイヤーの先端を10cmほど上に出しておき、麻ひもの輪の根元に1回巻きつける。

STEP 4 ワイヤーでAとBを巻きつけていく。2、3ピースを合わせ、上からひと巻き。これを繰り返す。

STEP 5 すべて巻き終えたら、3で出しておいたワイヤーと固結びをする。余ったワイヤーはカット。

STEP 6 グルーガンで残りの花材をランダムにつけていく。正面だけでなく、側面にもつける。

アジサイのガーランド

ドライのアジサイを作っても、
ただそのままにしていませんか？
ガーランドにしてみると、
同じ花でも表情に変化がつきます。

材料　A アジサイ…2輪
　　　　B ワイヤー（0.5mm）
　　　　C ワイヤー（0.3mm）

道具　はさみ

※できあがりイメージ：約130cm

STEP 1 Cの端に輪を作る。ワイヤーを交差させて2回巻きつけ、余った部分は逆方向に折る。

STEP 2 1の輪にBを通し、1と同様に輪を作る。

STEP
3

Aは房ごとにカットしておく。BでAの茎をひと房ずつ結び、Cに巻きつける。この工程をくり返す。

STEP
4

Aが残り3房ほどになったら、Cをカットして端に1と同様の輪を作る。

STEP
5

最後のひと房は外向きにつける。ひと房が小さいものは、2、3房合わせてつけてもOK。

STEP
6

花をすべてつけたら、輪にBを3、4回巻きつけてとめる。余分なワイヤーはカット。

クリスマスガーランド

作り方はアジサイのガーランドや
クリスマスリースとほとんど同じ。
クリスマスカラーの花材で作ってみませんか？

材料		道具	
A	コニファー（ブルーバード）		はさみ
B	コニファー（ブルーアイス）		グルーガン
C	ピンクペッパーベリー		
D	ユーカリの実		
E	クルミ		
F	ユーカリの実（グロボラス）		
G	麻ひも…1本		
H	ワイヤー		

ここで紹介した飾り方以外にも、ガーランドの両端にシックなリボンをかけて結んでみるなど、ちょっとしたアレンジでイメージが変わります。

STEP 1　作りたい長さに麻ひもをカット。両端に輪を作る。

STEP 2　AとBの軸から葉を枝ごとにすべてカットする。

STEP 3　1の輪にワイヤーを通し、折り曲げる。先端をねじってとめる。

STEP 4　ワイヤーで2でカットしたAとBを麻ひもに巻きつける。2、3ピースを合わせ、上からひと巻き。これを繰り返す。

STEP 5　巻き終わりは葉先を外向きにしてつける。輪にワイヤーを通して、ねじってとめる。余分なワイヤーはカット。

STEP 6　グルーガンで、D、E、Fをランダムにつけていく。Cはひと房ずつ手でちぎって分けてつけてもOK。

67

春色のリース

春の花といえば、アカシア。
葉ごと巻きつけてボリューム感たっぷりに。
輪の流れに逆らって、
気ままに飛び出た花もかわいい。

材料　A アカシア
　　　B リース（直径25cm）
　　　C 麻ひも…1本

道具　はさみ

STEP 1　先端から10cmほどを残して、麻ひもで輪を作る。

STEP 2　リースに1の輪の根元を添え、麻ひもの先端を下からくぐらせ、後ろから輪に通して結ぶ。

STEP 3　麻ひもをリースにつけたところ。ここがリースのトップになる。

STEP 4　Aを小分けにカットする。

STEP 5　4でカットしたAを2、3ピースを合わせてリースに添え、麻ひもの長いほうで巻きつける。これを繰り返す。

STEP 6　すべて巻き終えたら、残しておいた麻ひもの先端と固結びをする。余分な麻ひもはカット。

いろいろ花の
ガーランド

お気に入りの花を切り取り、
ワイヤーをつけてプチオーナメントに。
フラッグガーランドと組み合わせると
個性が出てすてきです。

材料　A フェノコマ
　　　　B アジサイ
　　　　C クラスペディア
　　　　D ワイヤー
　　　　E 麻ひも…1本

道具　はさみ

STEP 1　作りたい長さに麻ひもをカットする。輪を複数作るため、少し長めにとっておくと安心。麻ひもの両端に輪を作り、間にもランダムな間隔で輪を作る。

STEP 2　花はワイヤーをひっかけるため、茎を1cm以上残してカットする。

STEP 3 花にワイヤーをつける。ワイヤーの先端をU字に曲げて茎に沿わせ、2、3回巻きつける。
※生花を使うときは、水分が抜けて茎が細くなってしまうため、ワイヤーにグルー（接着剤）をつけて固めると安心。

STEP 4 ワイヤーを1cmほど残してカットし、U字に折り曲げる。残りの花も同様にワイヤーをつける。

STEP 5 フックなどに1の輪をひっかけて麻ひもをつるす。輪に4のU字部分をひっかけ、指で軽くU字を閉じてとめる。

71

モビール

天井からつるされて
ゆらゆら揺れる
ドライフラワーたち。
ゴールドのワイヤーが
花の質感とマッチします。

アジサイ　　スカビオサ・ステルンクーゲル　シャリンバイ　ワイヤー　はさみ

STEP 1　ワイヤーを巻きつけるため、茎を1cm以上残して花をカットする。

STEP 2　いちばん下にする花からつける。ワイヤーの先端を1cmほど出して、茎の根元に3、4回巻きつける。

STEP 3　ワイヤーの先端を折り曲げ、巻き終わりのワイヤーをひっかけて花を固定する。残りの花はランダムにワイヤーに巻きつける。

STEP 4　すべて巻きつけたら、つるす分のワイヤーを残してカットする。天井にフックなどをつけ、ワイヤーを巻きつけてつるす。

余った花の
あしらい方

ガラス瓶に詰める

寄せ集めのドライフラワーを、まとめてガラス瓶の中に。
重さのある木の実は下に入れ、四方から見られることを意識して
そっと詰め込んであげましょう。
無理に詰めると、バラバラと崩れてしまうので注意。

ブレスレット

手首回りの長さの布とグルーガンを用意。
余りものの花たちを手首の上の布に
ぎゅっとまとめてのせます。
動きのあるチランジアは土台に、
ドライアンドラは中心に置いて、
全体のまとめ役に。

壁に張る

マスキングテープで張るだけだから、
誰でも手軽に挑戦できます。
まわりの小物との抑揚バランスに気をつけて。
花の頭は上を向かせたり、下を向かせたり、
いちばんかわいく見える角度で張ってあげます。

リング

アンティークな金古美の指輪の台に
木の実をグルーガンで、
はみ出るほどのせました。
チランジアとの一輪づかいは
指輪だからこそ生きるワザです。

岡本典子 おかもと・のりこ

花生師（はないけし）。Tiny N（タイニーエヌ）主宰。恵泉女学園短期大学園芸生活学科卒業後、イギリスに花留学し、花コンペティションにて多数の優勝や入賞を果たし、国家技能資格上級を取得。帰国後、ゴトウフローリストに勤務、アイ・スタイラーズの生花部門立ち上げ（1Fフラワーショップチーフ）などを経て、東京・二子玉川に自店を構える。2015年にアトリエTiny N Abri（タイニーエヌ アブリ）を三軒茶屋にオープン。テレビや雑誌、広告などの撮影を中心に多方面で活躍中。著書に『花生活のたね 四季を愉しむ花と緑のある暮らし』（エクスナレッジ）。
http://tinynflower.com/

ブックデザイン	藤田康平（Barber）
撮影	有賀 傑
校閲	中神直子
編集	新村みづき（スリーシーズン）
	西森知子（文化出版局）
撮影協力（P.65）	uguisu
	Instagram：u_g_u_i_s_u

はじめてのスワッグ

2017年5月22日　第1刷発行

著者	岡本典子
発行者	大沼 淳
発行所	学校法人文化学園 文化出版局
	〒151-8524 東京都渋谷区代々木3-22-1
	電話 03-3299-2437（編集）
	03-3299-2540（営業）
印刷・製本所	株式会社文化カラー印刷

©Noriko Okamoto 2017 Printed in Japan
本書の写真、カット及び内容の無断転載を禁じます。

本書のコピー、スキャン、デジタル化等の無断複製は著作権法上での例外を除き禁じられています。
本書を代行業者等の第三者に依頼してスキャンやデジタル化することは、
たとえ個人や家庭内での利用でも著作権法違反になります。

文化出版局のホームページ　http://books.bunka.ac.jp/